LA PÊCHE
DE VULCAIN
ou
L'ILE DES FLEUVES;

A-PROPOS MÊLÉ DE VAUDEVILLE,

A L'OCCASION DU BALLET DE MARS ET VÉNUS;

PAR MM. ROCHEFORT, LASSAGNE ET ***,

REPRÉSENTÉ POUR LA PREMIÈRE FOIS, A PARIS, SUR LE THÉATRE
DU VAUDEVILLE, LE 5 JUILLET 1826.

PRIX : 1 FR. 50.

PARIS.
AU GRAND MAGASIN DE PIÈCES DE THÉATRE
DE A. G. BRUNET, LIBRAIRE-ÉDITEUR,
Successeur de Madame Huet,
RUE DE VALOIS, PALAIS-ROYAL, N° 1ᵉʳ (1er), VIS-A-VIS L'ATHÉNÉE.

1826.

PERSONNAGES.	ACTEURS.
VULCAIN.	M. Laporte.
VÉNUS.	Mme Pauline-Geoffroy.
L'EUROTAS.	Mlle Clara.
LA TAMISE.	Mlle Minette.
LE DANUBE.	M. Victor.
LE PACTOLE.	M. Guillemain.
LE FLEUVE JAUNE, de la Chine.	M. Lepeintre jeune.
LE FLEUVE D'OUBLI.	M. Hypolite.
ORDAMANT, du siége de Paris.	
FERDINAND, de l'Amour et Intrigue.	M. Fontenay.
LE MONSTRE, de la Porte St.-Martin, personnage muet.	

La scène se passe dans une île imaginaire, qui porte le nom d'Ile des Fleuves.

DE L'IMPRIMERIE DE E. DUVERGER, RUE DE VERNEUIL, N° 4.

LA PÊCHE DE VULCAIN,

A-PROPOS MÊLÉ DE VAUDEVILLE.

(Le théâtre représente un site de l'Ile des Fleuves. A chaque coulisse, une urne couronnée de roseaux et portant au-dessus, sur un écriteau bien apparent, le nom du fleuve qui s'en échappe. *La Seine* à la première, *la Tamise* en face; *le Pactole* après, ayant en regard le fleuve *d'Oubli*. En face du *Danube* une touffe de lauriers cache l'urne de *l'Eurotas*. Il fait à peine jour.)

SCÈNE PREMIÈRE.

LE PACTOLE, LE FLEUVE D'OUBLI.

LE PACTOLE.

Voisin... voisin!... est-ce qu'on ne se lève pas? Les fleuves sont bien paresseux aujourd'hui, ils craignent de sortir de leur lit?... Allons, l'Oubli, le Danube, la Tamise, réveillez-vous donc.

Air : Frère Jacques.
Cher confrère,
Cher confrère,
Causons-nous,
Levez-vous.

SCÈNE II.

LE DANUBE, LA TAMISE, LE FLEUVE D'OUBLI,
sortant de derrière les roseaux.

ENSEMBLE.
Veux-tu bien te taire!
Dis-moi
Pourquoi
Faire
Dans la nuit
Un tel bruit?

LE PACTOLE.
Pour remplir notre emploi. C'est ici la résidence de

tous les fleuves, et comme le plus riche d'entre eux, le Pactole connaît le prix du temps...

L'OUBLI.

Maudit banquier!..

LE DANUBE.

Il m'affre réveillé sur le plus beau plat du chou-croûte!... Quel rêve! j'en ai encore l'eau dans la bouche.

LA TAMISE, *en anglaise, costume chargé.*

Oh! oh! je étais dans le colère beaucoup fort... il avait troublé le songe de moi dans le plus beau instant... New-Market... les courses... les chevals... un pari de mille guinées!... et un jeune homme fait à peindre qui me faisait la cour....

LE PACTOLE.

Et cet heureux gentleman, aimable nymphe de la Tamise, me ressemblait-il un peu?...

LA TAMISE, *d'un air boudeur.*

A vous?... Je croyais avoir dit qu'il était fait à peindre.

LE PACTOLE.

Eh bien! c'est un tort que vous avez, parole d'honneur! Moi, je ne vois que vous dans mes rêves... et la sympathie, la réciprocité... je ne sais trop quel mot employer... nous autres gens de finance, nous ne connaissons que le style du billet au porteur, et que l'éloquence des espèces sonnantes... Vous ne me dites rien : avez-vous besoin d'argent?

LA TAMISE, *toujours d'un air boudeur.*

Non.

LE PACTOLE.

Non? Vous m'en voulez donc...

LA TAMISE.

Yès, j'en voulais à vous.

LE PACTOLE.

Parce que la petite Vénus....

LA TAMISE.

Yès.

LE PACTOLE.

Une petite folle arrivée hier de Paris, et à qui l'on a confié, par intérim, l'urne de la Seine.

LA TAMISE.

Et à qui vous avez fait le douceur des yeux dans le *Root* que j'ai donné hier dans le palais du fleuve Jaune, mon mari, qui est là-bas...

LE PACTOLE.

Ah! oui, le Chinois... Pouvez-vous croire que les airs évaporés de cette coquette étrangère me fassent oublier les charmes de la Tamise... Mais, silence! voici la déesse...

SCENE III.

L'OUBLI, LE PACTOLE, LA TAMISE, VÉNUS.

(*Elle est en costume parisien très élégant.*)

VÉNUS, *en regardant couler l'eau.*

Air : de la walse de Robin.

Vénus, sans peine,
A pour la Seine
D'une urne pleine
Epanché les doux flots.
Onde chérie,
Va, je t'en prie,
Vers la patrie
Des beaux arts, des héros!
Que sur son aile,
Zéphir fidèle
Porte avec elle
La douce paix,
Et que l'orage
De son rivage
Et de sa plage
Fuie à jamais!
Va, cours, arrose
Et myrthe et rose,
Toujours éclose
Aux jardins de Paris,
Et que ta route
Se fasse toute
Sous une voûte
De lauriers et de lis.

Vénus, sans peine, etc.

LE PACTOLE.

Eh bien! la belle, que dites-vous de votre nouvel emploi?

VÉNUS.

Je regarde couler l'eau... passe-temps des oisifs du quai des Morfondus.

LA TAMISE, *de mauvaise humeur.*

Aussi, que venez-vous chercher dans le résidence de toutes les fleuves?

VÉNUS.

Je croyais vous l'avoir dit hier... Éloignée de mon mari par un caprice, entraînée à Paris... car ce n'est que là qu'on peut vivre maintenant, je me fis pensionnaire de l'Académie lyrique, de la rue Grange-Batelière, où tous mes camarades de l'Olympe maigrissent à vue d'œil et crient à fendre les oreilles. La saison des eaux arrive... j'en profite pour faire une sortie, et grace à un ballon du nouveau Tivoli...

LE PACTOLE.

Vous arrivez ici en droite ligne.

LA TAMISE.

Au moment où la Seine...

LE PACTOLE.

Venait d'être enlevée par les marchands de vins de Paris, qui la retiennent sous clé dans les caves de Bercy.

LE DANUBE.

Le danse il est donc toujours à la mode à Paris?...

VÉNUS.

La danse!... il n'y a que cela pour plaire... moi, j'en suis folle... et si vous vouliez...

LE PACTOLE.

Danser?... oh! ce sera charmant!

LE DANUBE.

Ah! bon, j'aime la danse, je suis fou des palets... j'aime beaucoup les palets.

LA TAMISE, *à part.*

Elle voulait séduire lui... employons les mêmes moyens... en avant ma gigue... (*Vénus danse une danse française, et la Tamise une gigue. A la fin du morceau, l'on entend le tonnerre.*)

(*Au moment où le tonnerre éclate, Vulcain foudroyé traverse les airs et vient tomber dans la coulisse enveloppé de son filet.*)

CHŒUR DES FLEUVES, *et de plusieurs autres qui arrivent successivement.*

Air : Ah! j'enrage. (du Barbier.)

Quel bruit effrayant!
Le ciel vraiment
Va se dissoudre;
Tous dans nos roseaux,
Entre deux eaux,
Fuyons la foudre.

vésus, *regardant Vulcain de loin.*

O mes amis! qu'est-ce qui tombe du ciel?... je ne me trompe pas, c'est Vulcain, c'est mon mari!... que vient-il faire ici?... sauvons-nous... je ne saurais que lui dire... (*Elle sort, et tous les fleuves se retirent.*)

SCENE IV.

LE FLEUVE JAUNE, VULCAIN.

VULCAIN, *en entrant, appuyé sur le fleuve.*

Air: Vive les mœurs des champs.

Qu'on est sot
Quand on fait un saut
Dans des régions inconnues,
Oui, lorsqu'on tombe ainsi des nues
On est bien long
A prendre son aplomb!

LE FLEUVE JAUNE.

Comment, c'est vous qui venez de tomber de là-haut sans dire gare? que diable, on prévient... on ne fait pas des peurs comme ça.

VULCAIN.

On prévient... on prévient... et quand on n'est pas prévenu qu'on va tomber... (*à part.*) O quelle figure!

LE FLEUVE JAUNE.

Et d'où venez-vous donc si vite, mon cher ami?

VULCAIN.

De l'Olympe.

LE FLEUVE JAUNE.

Qui vous fait déménager si brusquement?

VULCAIN.

Jupiter.

LE FLEUVE JAUNE.

Et vous êtes?...

VULCAIN.

Vulcain... ça vous étonne... regardez-moi... (*il se retourne.*) je suis bien le véritable forgeron de Lemnos.

LE FLEUVE JAUNE.

Est-ce possible?

VULCAIN.

Vous n'avez pas l'air de me croire... est-ce parce que je ne boite plus... je boitais après ma première chute...

dans celle-ci je suis tombé sur l'autre jambe, de façon que maintenant l'équilibre est rétabli.

LE FLEUVE JAUNE.
Vous avez dû vous faire du mal?
VULCAIN.
Beaucoup.
LE FLEUVE JAUNE.
C'est bien heureux pour vous... (*Vulcain fait un mouvement.*) oui, de ne plus être boiteux... Enfin pourquoi vous a-t-on chassé de là-haut?
VULCAIN.
Ah! mon cher, tout s'use dans ce pays-là... voyez un peu mon habit...
LE FLEUVE JAUNE.
Le fait est qu'il y a plus d'une pièce.
VULCAIN.
Parmi toutes les choses à renouveler dans l'Olympe, il y avait long-temps qu'on parlait du char d'Apollon : il était plus vieux que le reste. Jupiter m'ordonna de forger un essieu tout neuf, je le fis de mon mieux; mais en l'essayant voilà qu'il casse ; le dieu du jour disparaît, il tombe dans les flots sans qu'on puisse deviner ou savoir précisément le lieu de sa chute, et c'est pour le pêcher que Jupiter m'a envoyé ici avec mes filets...
LE FLEUVE JAUNE.
Ah! oui, j'en ai entendu parler, ils ont fait beaucoup de bruit. Je ne serais pas fâché de connaître tous les détails de cette histoire-là.
VULCAIN.
Rien de plus facile : figurez-vous que vous êtes au spectacle, et que je suis votre programme.

AIR : De la Saphira. (Frontin mari garçon.)

Les ris, les jeux
Et Terpsycore
Annoncent les dieux
Aux bords gracieux
Que baignent des flots heureux.
Aux yeux
Joyeux
Zéphire et Flore,
Pour plaire à l'amour,
Ornent ce séjour
Moins aimable que leur cour.

Le ciel s'entr'ouvre,
La mer se couvre,

Et l'on découvre
Tous les dieux à Lemnos.
Brillante et vive,
Vénus arrive,
La paix s'esquive,
Et les dieux sont rivaux !

Moi qui, fils de Jupin,
Tiens en magasin
Son tonnerre,
Je suis choisi soudain,
Et de Cypris j'obtiens la main.
L'on préfère
En hymen
Au luth ainsi qu'au cimeterre,
Le marteau de Vulcain :
Frapper fort est toujours certain.

La nuit met fin
Au bal qui cesse ;
Tout le monde part,
On s'éloigne, car
La danse endort tôt ou tard.
Mais on nous laisse
La sagesse....
L'amour a beau jeu,
Minerve en ce lieu,
Comme ailleurs, n'y voit que du feu.
Quelle merveille !
A votre oreille
Mes cent marteaux
Font mugir les échos :
Le feu s'allume,
Et sur l'enclume
Des bras rivaux
Domptent les durs métaux ;
Mais soudain les pavots
Volent au loin en doux nuage,
Et je m'endors déjà :
Ou se croirait à l'opéra,
Et, pendant ce temps-là,
Si j'en crois une triste image,
Vénus disait : « Il faut
Battre le fer quand il est chaud. »

Quel songe affreux !
Je me relève,
Ranimant mes feux,

Soufflant de mon mieux :
J'achève
Un réseau
Nouveau....
Le vent
Bruyant
Vite l'enlève ;
Il le tend
Et prend...

LE FLEUVE JAUNE.
Eh ! quoi donc vraiment ?

VULCAIN.
La sagesse au dénoûment.

LE FLEUVE JAUNE.
Vous ne me connaissez pas... regardez-moi bien : je suis le fleuve Jaune, un ancien, qui prend sa source dans les montagnes du Thibet. Je caresse en passant les murs de la Chine et je m'embouche dans la grande Tartarie. Je me suis uni à la Tamise, je la croyais d'un commerce sûr et agréable, et...

VULCAIN.
Et elle vous trompe... c'est comme ma femme. Mais faites-moi venir tous les fleuves.

LE FLEUVE JAUNE.
Rien de plus facile, j'ai ma corne... *les fleuves*, les rivières et même les ruisseaux vont être ici dans une minute.

VULCAIN.
Diable ! ça va nous donner bien de l'humidité.

LE FLEUVE JAUNE *sonne de sa corne*.

SCÈNE V.

VULCAIN, LE FLEUVE **JAUNE, VÉNUS, LA TAMISE, LE DANUBE, LE PACTOLE, L'OUBLI,** *autres Fleuves et Rivières portant une inscription qui indique leurs noms.*

LE FLEUVE JAUNE.

Air : du Carnaval de Venise. (Départ de la garnison.)

C'est moi qui vous appelle,
Je viens vous annoncer
Une grande nouvelle !

TOUS.
Que va-t-il se passer?
Quel est cet étranger
Qui, sans suite,
Nous rend visite?
Chez nous vient-il loger?
VULCAIN.
Non, je n'y suis qu'en passager.
LE FLEUVE JAUNE.
C'est le grand dieu
Du feu,
C'est lui-même.
TOUS.
O surprise extrême!
LE FLEUVE JAUNE.
Ce visage africain
Cache enfin
Le seigneur Vulcain.
TOUS.
C'est le grand dieu
Du feu,
C'est lui-même;
O surprise extrême!
Ce visage africain
Est celui du seigneur Vulcain!

VULCAIN.

Je suis chargé d'une mission importante : il s'agit de retrouver un de mes cousins germains, un nommé Apollon, beau garçon, ma foi, quoiqu'il commence à n'être plus de la première jeunesse; vous n'êtes pas sans en avoir entendu parler : son char est tombé dans l'eau, si bien qu'il a disparu et que sa famille en est fort inquiète. Il sera accordé une récompense honnête à celui qui le repêchera; j'ai fait fabriquer, tout exprès, dans mon atelier, d'excellens filets que j'ai là; je vais vous en faire la distribution.

LE FLEUVE JAUNE.

Attention, Messieurs et Mesdames, procédons par rang d'ancienneté! (*montrant l'Oubli.*) A vous d'abord, mon cher collègue.

L'OUBLI, à *Vulcain*.

C'est moi, seigneur, qui suis l'Oubli.

VULCAIN.

Vous engloutissez tant de choses qu'il serait bien possible que vous eussiez aussi avalé ce pauvre Apollon! faites-y bien attention.

LE FLEUVE JAUNE, *montrant le Pactole.*

Seigneur, voici le Pactole. *(bas à Vulcain.)* C'est le particulier qui se permet de faire la cour à mon épouse....

LE PACTOLE.

Moi, seigneur, je n'accepte vos filets que pour la forme, car je suis bien sûr que chez moi vous ne trouverez pas ce que vous cherchez.

Air : Et voilà comme tout s'arrange.

Je ne connais que des courtiers,
Des assureurs pleins de richesse,
Des marrons ou bien des caissiers,
Et d'autres gens de même espèce.
En France, leur plus beau pays,
Leurs chutes ne sont pas mortelles,
Et quand ces heureux favoris
Ont fait un plongeon à Paris
Ils reparaissent à Bruxelles.

VULCAIN, *au Danube.*

Et vous ?

LE DANUBE.

Moi, che suis tout ponnement le Tanube; on ne tirait pas à mon prononciation que je suis Allemand, j'hai presque plus l'accent, n'est-ce pas? C'est que, foyez-fous, depuis quelque temps, je fais beaucoup de commerce afec tes lipraires te Paris!

VULCAIN.

Quels poissons leur vendez-vous donc ?

LE DANUBE.

Tiens, tes lifres, tes trachédies, tes comédies qu'on choue sur tous les théâtres te France?

VULCAIN.

C'est donc pour ça qu'elles ne sont pas écrites en français! Qu'est-ce qui vous fournit tout ça ?

LE DANUBE.

Monsieur Kotzbüe, monsieur Klopstock, monsieur Goëthe et Monsieur Schiller.

VULCAIN.

Comment dites-vous ?

LE DANUBE.

Che tis Monsir Klopstock, monsir Goëthe et monsir Schiller.

VULCAIN.

Je n'ai pas le temps d'apprendre à prononcer leurs noms. *(il lui remet un filet.)* Passons à un autre.

LE FLEUVE JAUNE.

Ah! seigneur, j'ai l'honneur de vous présenter madame mon épouse que vous connaissez déjà de réputation.

VULCAIN.

La Tamise?

LA TAMISE.

Yès, Ser.

VULCAIN.

C'est Madame que vous accusez de légèreté?...

LA TAMISE.

Mon mari, il était bien injuste; il faisait toujours comme ça sur moi un tas de.... (*à Vénus.*) Comment ce que vous dites cette chose en français?...

VÉNUS, *bas à la Tamise. Vénus est voilée.*

Des propos.

LA TAMISE.

Yès, des cancans, quoi! que j'en étais toute... toute... (*à Vénus.*) Comment ce que vous dites ça en français?

VÉNUS, *bas à la Tamise.*

Toute confuse.

LA TAMISE.

Yès, toute honteuse! C'était affreux à vous, Monsieur, de me rendre aussi.... (*à Vénus.*) Comment ce que vous dites ça en français?

VÉNUS, *bas à la Tamise.*

Aussi malheureuse.

LA TAMISE.

Yès, aussi infortunée! et de me faire toujours verser...

VÉNUS, *bas à la Tamise.*

Verser des pleurs!

LA TAMISE, *pleurant.*

Yès, venir des larmes dans les yeux! Oh! oh!

LE FLEUVE JAUNE, *à Vulcain.*

Elle est pourtant toujours aussi gaie que cela avec moi!

VULCAIN, *lui donnant un filet.*

Prenez ces filets et soyez de la partie.

VÉNUS, *à part.*

Il m'a oubliée... quel bonheur! (*elle sort sans être aperçue.*)

VULCAIN.

Ah ça! maintenant, commençons notre pêche.

Air : **Blême de la peur.** (du Solitaire.)

Tout retard me serait funeste,
Il faut qu'Apollon soit repris;
Exilé de la cour céleste,
Je n'y puis rentrer qu'à ce prix. (*bis.*)
      TOUS.
Le dieu du génie à jamais
A-t-il donc soufflé sa lumière?
Absent du ciel et de la terre,
Il est bien sûr dans la rivière
Qui sommeille et se tient au frais ;
   Il le fait exprès ;
   Le tour est mauvais,
   Tendons nos filets !
    VULCAIN, *au Danube.*

A vous, l'Allemand !

Air : **De la marquesito.** (Frontin mari garçon)

TOUS, *au Danube, qui jette son filet dans la coulisse.*

Tenez-vous quelque chose?
    LE DANUBE.
Je sens un mouvement :
  C'est lui, ché le suppose :
  Aidez-moi promptement !
    TOUS.
Je crois qu'il sort de l'eau,
   Oh !
Il sera bien mouillé,
   Eh !
Il doit être transi,
   Hi !
A la fin le voilà,
   Ah !

SCENE VI.

FERDINAND, *sort de l'eau.*

CHOEUR.

Air : **Je suis Français et militaire.**

Quel est donc ce beau militaire ?
Il a l'air froid comme un glaçon.
Que faisait-il dans la rivière ?
Non, non, ce n'est point Apollon !

VULCAIN.

Qui êtes-vous ?

FERDINAND.

Je suis l'Amour...

VULCAIN.

Vous... l'Amour?

TOUS, *riant*.

Ah! ah! ah!

FERDINAND.

Laissez-moi donc finir... Je veux dire que je suis *l'amour et l'intrigue*... on me nomme Ferdinand ; je suis officier de landwher, un gaillard solide.

LE DANUBE.

Yia; ce être un entêté qu'il fait enrager son oncle pour le mariache avec un petite fille de musicien, un organiste de paroisse... che vous réponds de le véracité du personnage... tailleurs, on peut lui demanter ses papiers...

FERDINAND.

Justement ils sont restés dans l'eau ; ils étaient tout mouillés...

VULCAIN.

J'ai envie de vous renvoyer les chercher.

FERDINAND.

Arrêtez!... et apprenez ce que je vaux avant de me juger!... Auriez-vous entendu parler, par hasard, du sentiment?

VULCAIN.

Oui, mon officier.

FERDINAND.

Eh bien! faites-moi l'amitié de m'entendre : O Louise!... c'est vainement qu'un préjugé fort bizarre me retient sur l'abîme des incertitudes ; j'ouvrirai une porte au remords, qui viendra tranquillement garnir mon cœur de ses épines... Louise, j'ai soif... laisse-moi la moitié de ta limonade... chère amie! chère amante!... il y a de l'amertume au fond du gobelet!... Louise!... mes cheveux se dressent, mon ame se dilate, mon être se décompose, je ne tiens plus à la terre que par un fil... je sens qu'il se rompt... le voilà rompu.... ouvre-moi tes bras, car j'arrive dans l'éternité!... Hein! que dites-vous de ce dialogue-là ?

VULCAIN.

Je dis qu'il me fait pitié !... et qu'il faut avoir perdu la tête pour le comprendre.

FERDINAND.

Merci... A votre avis, je suis donc un insensé?

VULCAIN

Vous êtes pire que tout cela...

LE DANUBE.

Pourtant, Seigneur, dans ma pays... on chuche mieux que ça de Monsieur, et il passe pour un garçon de mérite et d'esprit.

VULCAIN.

Vraiment! et voilà ce qu'on vante en Allemagne?

Air : O Pescatore. (De la Sérénade.)

Sa tendresse tudesque.

LE DANUBE.

Ya, men herr!

VULCAIN.

Et son style burlesque.

LE DANUBE.

Ya, men herr!

VULCAIN.

Sa vertu si comique,
Sa fureur romantique,
Et sa mort à la Werther.

LE DANUBE.

Ya, men herr! (*bis*.)

FERDINAND.

Et comme aujourd'hui on n'y regarde pas de si près, vous pouvez me délivrer de ma prison et m'emmener avec vous.

VULCAIN.

Et en quelle qualité?

FERDINAND.

En qualité d'Apollon.

VULCAIN.

A-t-il du front!... Comment, méchant baragouineur, vous osez vous comparer...

Avec quelle irrévérence
Parle des Dieux ce maraud!...

TOUS.

C'est un insolent!...

VULCAIN.

A l'eau

TOUS, *excepté le Danube.*

A l'eau, à l'eau!

LE DANUBE.

Tarteiflel... fous le jetterez pas à l'eau... Je fous soutiens, moi, que ça peut faire un petit Apollon bien gentil !... un bijou d'Allemagne !

VULCAIN.

Vous êtes fou !

AIR : de la marche de Fernand Cortez.

A l'eau ! *(ter.)*
C'est justice,
Qu'on en finisse.
A l'eau ! *(ter.)*
Cet Apollon nouveau !
(*On le jette pendant le chant.*)

VULCAIN.

Mais continuons et voyons un peu si dans le fleuve d'Oubli....

LE FLEUVE JAUNE.

Je crois que la pêche sera bonne... Tenez, tenez, regardez donc là-bas.

LA TAMISE, *s'avançant*.

C'était une miladi qui se débattait dans le fleuve d'Oubli.

LE PACTOLE.

C'est Marguerite d'Anjou.

VULCAIN, *regardant*.

Et ce jeune homme, pâle comme la mort, qui entraîne son père avec lui.

LE FLEUVE JAUNE.

Ah ! c'est le Spéculateur des Français, qui fait banqueroute parce qu'il manque de fonds.

LE PACTOLE.

Il nage entre deux eaux.

LE DANUBE.

Ya... mais le foilà qui tombe... qui tombe,.. il va disparaître tout-à-fait.

L'OUBLI. (*Il a jeté le filet.*)

Ah ! que c'est lourd... Mes amis, venez m'aider. (*Ils se mettent tous derrière lui et tirent ensemble le filet.*)

LE PACTOLE.

Nous n'en viendrons jamais à bout.

LE FLEUVE JAUNE.

C'est au moins le théâtre de l'Odéon.

VULCAIN.
Ou plutôt la montagne Montmartre.
L'OUBLI.
Non, c'est le siège de Paris... je le reconnais...

SCÈNE VII.

LES PRÉCÉDENS, ORDAMANT, *il est habillé comme dans le siège de Paris.*

ORDAMANT.

AIR : Oui, je suis soldat moi. (Calendrier vivant.)

Oui, je suis renégat,
Et je m'en fais gloire :
Bon normand, mauvais soldat,
C'est toute mon histoire.
Paris, par moi fut forcé,
Mais je bats en retraite ;
Le parterre m'a chassé
Au son de la trompette.
Oui, je suis renégat, etc.

VULCAIN.
Quelle figure patibulaire?
LE FLEUVE JAUNE.
Il ressemble à un mélodrame.
LE PACTOLE.
Il ressemble plutôt à une parodie.
LE DANUBE.
Il ressemble à rien di tout.
VULCAIN.
Y a-t-il long-temps, beau chevalier, que vous êtes dans le fleuve d'Oubli?
ORDAMANT.
Oui, il y a long-temps, et il fallait une circonstance comme celle-là pour m'en faire sortir... je vous remercie bien de la complaisance...
VULCAIN.
Comment vous nomme-t-on?....
ORDAMANT.
Dans l'histoire on me nomme Robert-le-Fort ; mais comme je cois un peu faible, on a préféré me donner le nom d'Ordamant, que l'on a trouvé plus harmonieux.

VULCAIN.

De façon que vous êtes un héros douteux, une espèce de métis, un roman historique vivant....

ORDAMANT.

C'est ça même.... je suis proche parent de Childebrand; ouvrez l'histoire de France.

VULCAIN.

Je m'en rapporte à vous; je crois avoir entendu dire que vous parliez en vers ?....

ORDAMANT.

On vous a trompé, seigneur, je n'ai jamais parlé qu'en prose.

VULCAIN.

Voyez pourtant comme on fait des mensonges !.... et dites-moi, superbe Orbassan.....

ORDAMANT.

Ordamant, seigneur......

VULCAIN.

Ah, oui !... vous avez un bien vilain nom, mon ami; en vous promenant dans le fleuve d'Oubli, vous n'auriez pas rencontré Apollon, par hasard ?...

ORDAMANT.

Apollon !... je ne le connais pas.

VULCAIN.

Un joli blond.....

LE FLEUVE JAUNE.

Les cheveux bouclés......

LE PACTOLE.

Un soleil sur la tête.....

L'OUBLI.

Une lyre à la main.....

ORDAMANT.

Non.... je ne me rappelle pas du tout, du tout....; il y a tant de monde dans ce diable de fleuve....

Air : Vive la lithographie. (Les Bolivars.)

Si vous saviez que de peine
Dans cet endroit m'a suivi,
Et comme on est à la gêne
Au fond du fleuve d'Oubli :
Coudoyé par *Sigismond*,
Etourdi par *Pharamond* ;
Par *Bélisaire* aveuglé
Et par *Camille* accablé ;

Poursuivi par la bourasque,
Je suis devant le *Maçon*,
Et je pousse la *Fantasque*
Dans la *Petite Maison*.
A côté de *Lord Falkland*
J'aperçois *Lord d'Avenant*
Cherchant querelle au *Caissier*
Que suit le *Banqueroutier*.
On voit aussi le *Timide*
Qui chasse la *Biche au bois*,
Clara Vendel.... l'homicide,
Qui mourut sept ou huit fois.
Ici le *Charpentier* dort
Auprès du *Corrégidor*
Sur les lambeaux décousus
Du froid *Tailleur des Bossus* ;
Guliver de ses échasses
Tombe tous les jours un peu,
Et *Jocko* fait des grimaces
En voyant le *Cadran-Bleu*.
Nous attendons des Français
Encor de nouveaux sujets ;
Nous aurons probablement
L'Agiotage et *l'Argent* ;
Enfin, son onde est remplie
Par tant d'ouvrages nouveaux,
Que jusqu'à l'Académie
L'oubli portera ses flots.

Vrai, le fleuve d'Oubli est un lieu bien vivant dans ce moment-ci !....

VULCAIN.

Alors nous ne devons pas priver plus long-temps la société du plaisir de votre présence, et vous allez avoir la bonté de.....

ORDAMANT.

Oh ! non, seigneur.... gardez-moi avec vous, je vous en prie.....

VULCAIN.

Impossible, mon ami.....

ORDAMANT.

C'est que, voyez-vous, les habitans du fleuve m'ennuient beaucoup.....

VULCAIN.

Ah ! vous leur rendrez bien ça.... mon cher chevalier !... allons, pas de façons, rentrez dans votre élément...

ORDAMANT.

Vous croyez?.... c'est pourtant bien dur de faire comme ça le plongeon.... et si je vous donnais de l'argent pour me garder?.....

VULCAIN.

Fi donc!.... il n'y aurait pas de dignité.....

ORDAMANT.

Tout le monde n'est pas si scrupuleux que vous....

VULCAIN.

Ah! c'est qu'on ne peut pas corrompre la conscience des dieux....

ORDAMANT.

Donc, adieu, Visigoth, Goth, Velches et Vandales,
Qui, poursuivi, m'avez d'épigrammes brutales;
Plus le droit vous n'aurez de rire désormais,
Une seconde fois remourir je m'en vais.

(*Il plonge et disparaît*).

SCENE VIII.

LES MÊMES, *excepté* ORDAMANT.

TOUS, *le regardant.*

Bonsoir et bonne nuit.

VULCAIN.

Avec tout cela, moi je n'en suis pas plus avancé, je ne trouve rien; suivez-moi tous, allons tenter fortune ailleurs.

TOUS *en chœur.*

AIR: J'aime le son du clairon, du canon. (Fête du village voisin.)

Allons, marchons!
Dépêchons
Et pêchons
Dans l'autre fleuve!
Sans doute qu'une autre épreuve
Nous rendra ce que nous cherchons:
Non, point de quartier,
Un coup d'épervier
Bientôt le fera prisonnier.

VULCAIN, *au fleuve Jaune.*

Jusqu'à la Garonne, de grâce,
Menez-moi, marchez le premier;

Puisqu'à Toulouse elle a noyé le Tasse,
Phœbus a bien pu s'y noyer.

TOUS.

Allons, marchons! etc.

(*Ils sortent.*)

SCENE IX.

VÉNUS, *paraissant et regardant avec mystère.*

Il est parti!... Il faut convenir que le destin est bien injuste!... je m'ennuyais avec mon mari, il s'ennuyait avec moi, nous nous quittons à l'amiable sans vouloir plaider en séparation, et précisément voilà qu'une rencontre imprévue!... Ah! je le vois bien, on ne peut jamais fuir son malheur!... c'est que je périrai de tristesse, moi, dans cette île aquatique.... je n'y trouve personne pour me faire la cour..... je ne peux pas vivre comme cela?... il me faut des soupirans..... des adorateurs..... je viens de Paris.

AIR : O noble princesse. (De la Lampe.)

O toi que j'adore,
Viens à mon secours!
Pour charmer mes jours,
C'est toi que j'implore!....
Mars, viens parmi nous
Retrouver ta belle.

SCENE X.

VÉNUS, L'EUROTAS, *dans le fond*, *caché par des roseaux.*

L'EUROTAS.

Quelle voix m'appelle?
Je suis près de vous! (*bis.*)

VÉNUS, *étonnée.*

On a répondu!... (*elle regarde partout.*) d'où partent ces accens?... (*elle écoute.*) on ne dit plus rien!... me serais-je trompée?... essayons encore.

Même air.

Du séjour céleste
Es-tu descendu?....
Si tu m'es rendu
Mon bonheur me reste....
Guerrier noble et doux,
Parle !.... es-tu fidèle?

(*Elle écoute.*)

L'EUROTAS. (*Costume grec.*)

Quelle voix m'appelle?
Je suis près de vous! (*bis.*)

(*Il sort tout-à-fait des roseaux et se montre dans le fond.*)

VÉNUS, *étonnée.*

Ah! le charmant phrygien!... c'est un étranger? je ne l'avais pas encore vu ici!...

L'EUROTAS.

Belle Vénus, prenez pitié d'un malheureux !...

VÉNUS, *s'approchant de lui.*

Vous, malheureux!... avec tant de droits pour intéresser et pour plaire?... et que faites-vous dans ces lieux?...

L'EUROTAS.

J'y sommeille à côté de la gloire...

VÉNUS.

Pourquoi ne vous approchez-vous pas de moi... venez, venez...

L'EUROTAS.

Hélas! je ne le puis, je suis enchaîné... fille des dieux, daignez briser mes liens...

VÉNUS.

L'infortuné ! (*Elle s'approche de lui, ôte ses fers et l'amène par la main sur le devant de la scène.*) Quel est le nom qu'on vous donne?

L'EUROTAS.

L'Eurotas; la Grèce est ma patrie... j'ai fait fleurir les lauriers de Sparte; je pleure sur ses ruines trop long-temps silencieuses.

AIR : Tendres échos.

Oui, j'ai pleuré sur nos débris fumans;
Mais des vieux Grecs la gloire se relève,
Et de leurs fils acceptant les sermens,
  Le ciel leur dit, en leur rendant un glaive :
« Soyez héros pour défendre vos droits ;
« Soyez martyrs pour défendre la croix ! »

VÉNUS.

Et vous avez éprouvé des malheurs, déjà? avez-vous aimé, avez-vous été trahi?...

L'EUROTAS.

Oh! non, noble déesse, mes peines ne viennent point de l'amour!... ce sont des malheurs plus réels qui déchirent mon cœur... je frémis de mes souvenirs, et je n'ai pas une espérance!....

VÉNUS.

Comment! si jeune!... vous aimez la gloire?...

L'EUROTAS.

Ah! ce seul mot enflamme mon cœur!... je pense aux lauriers de Léonidas, de Thémistocle, d'Alcibiade!... et je ne me connais plus alors... j'oublie mon âge, ma faiblesse, je braverais tous les dangers pour conquérir la couronne qu'on me dispute... mais la force me manque, mes désirs ne peuvent être exaucés... et lorsque mon rêve s'évanouit, je me retrouve seul, seul avec mes chaînes!...

VÉNUS.

Aimable enfant... tu donnerais des leçons à bien des hommes!...

AIR : *Depuis long-temps, j'aimais Adèle.*

Des larmes mouillent ma paupière;
Oui, son malheur doit attendrir :
Ayez pitié de sa misère,
Grands dieux qui le voyez souffrir!
Donnez plus de force à son âge,
De son bras dirigez les coups!
Mais n'augmentez pas son courage,
Le dieu Mars en serait jaloux.

L'EUROTAS.

Votre bonté me touche, mais oserais-je vous demander une grace?

VÉNUS.

Parlez, mon jeune ami, vous les méritez toutes.

L'EUROTAS.

Accordez-moi votre appui auprès des dieux!... j'ai bien peu de protecteurs, et je mérite leur intérêt autant que tous les autres mortels...

VÉNUS.

Ne craignez rien... je soutiendrai vos droits... Ah! quels appuis n'avez-vous pas déjà obtenus! à Paris, j'ai vu tous les arts se réunir en votre faveur, la bienfaisance se cacher sous la forme du plaisir et sous les traits de la beauté ; les Graces se sont fait quêteuses, et tout le monde a voulu récompenser l'héroïsme en répondant à leur appel.

Air de Téniers.

De vos vertus chacun fut tributaire,
Le vieux guerrier pensait à Marathon,
Le poète parlait d'Homère,
Le sage songeait à Platon :
Oui, du passé rappelant la mémoire,
Tous vous donnaient avec la même ardeur!
Les hommes au nom de la gloire,
Les femmes au nom du malheur.

L'EUROTAS.

Ah! je n'en attendais pas moins de vous!

Air de l'Angélus.

Je suis pauvre et presque orphelin ;
Mais en France toutes les belles
Protégent mon triste destin ;
Tous les secours me viennent d'elles :
Ah! vous leur ressemblez aussi,
Et mon ame reconnaissante
Peut les remercier ici
Dans Vénus qui les représente.

VÉNUS.

Quelqu'un vient : allons, c'est la Tamise ; encore quelque nouvelle intrigue ; elle est aussi coquette qu'elle est intéressée ; quel vilain défaut! vous allez voir.

(*Ils entrent sous le berceau.*)

SCENE XI.

VÉNUS, L'EUROTAS, LE PACTOLE, LA TAMISE.

LE PACTOLE, *poursuivant la Tamise qui résiste.*

LA TAMISE, *fuyant.*

Laissez-moi, laissez-moi.

LE PACTOLE.

Je ne vous demandais que la permission de baiser cette jolie main. (*Il la lui prend.*)

LA TAMISE.
Vous êtes fol, que je crois ; si quelqu'un nous voyait !
LE PACTOLE.
Je n'y songeais pas, tant l'amour peut égarer la raison
d'un millionnaire! mais, de grace, entrons dans ce bosquet.

Air : Au vallon tout est sombre. (Nocturne de Plantade.)
ENSEMBLE.

LE PACTOLE, *entraînant la Tamise.*
Ce bosquet solitaire
Nous promet le mystère,
Vraiment c'est un trésor !
Il vous plaira, sans doute,
J'en sèmerai la route
De fleurs et d'or.

LA TAMISE, *résistant.*
Du bosquet solitaire
Je fuyais le mystère,
C'était un grand effort !
Puisque sa main, sans doute,
Avait semé la route
De fleurs et d'or.

VÉNUS, *à l'Eurotas.*
Ce bosquet solitaire
Nous promet le mystère,
Je vous entends encor ;
Oui, mon cœur vous écoute
Pour semer votre route
De fleurs et d'or.

L'EUROTAS, *à la Seine.*
Ce bosquet solitaire
Nous promet le mystère ;
Daignez m'entendre encor,
Votre bonté, sans doute,
Saura semer ma route
De fleurs et d'or.

(*Ils sortent tous.*)

SCÈNE XII.

LE FLEUVE JAUNE, VULCAIN.

LE FLEUVE JAUNE, *arrivant sur leur départ.*
C'est ma femme... c'est elle! il n'y a plus à dire non...
ils sont allés par là... et il y a des bosquets.(*En pleurant.*)

Air du Bâilleur. (La chercheuse d'esprit.)

Ah! ah! ah! ah!
Qui me vengera,
Qui punira
Cette parjure
Ah, ah! ah!
Cette injure
Là
Long-temps, je crois, restera
Là.

(*Il se frappe le front.*)

VULCAIN.

Qu'avez-vous?....

LE FLEUVE JAUNE.

Ah! c'est infâme!

Le bois....

VULCAIN.

Il est fou, je crois;
Que me parlez-vous de bois?

LE FLEUVE JAUNE.

Mon cher, c'est encor ma femme....
Ah! ah! ah! ah! etc.

VULCAIN, *l'imitant.*

Ah! ah! finissez, mon bon ami, car si vous riez jaune, vous n'êtes pas beau quand vous pleurez...

LE FLEUVE JAUNE.

La perfide! avec ce maudit Pactole... tandis que j'étais à pêcher... je me disais aussi : il y a quelque anguille sous roche, ils sont tous deux entrés là.

VULCAIN.

Eh bien! après? qu'est-ce que vous voulez faire?...

LE FLEUVE JAUNE.

Je veux les surprendre...

VULCAIN.

Il faut vous servir des filets que je vous ai remis...

LE FLEUVE JAUNE.

Comment vous croyez que ces filets...

VULCAIN.

Vous savez bien qu'ils m'ont réussi.

LE FLEUVE JAUNE.

Alors, seigneur, je vais me servir de la même recette...

VULCAIN.

.. Voilà vos compagnons qui reviennent... nous allons voir ce qu'ils ont pris!

SCENE XIII.

les mêmes, L'OUBLI, LE DANUBE, et autres.

L'OUBLI ET LE DANUBE.
CHŒUR.

Air : La soirée s'avance. (De la dame Jaune.)

O soins inutiles !
O peines stériles !
Nos mains inhabiles
N'ont rien pris encor ;
Mais dans la Tamise
Tout nous favorise,
Tentons l'entreprise
Sur son bord ;
Nous touchons au port.

(*Pendant le chœur, le fleuve Jaune a tendu son piége sur les premiers arbres du bosquet. Les autres ont jeté leurs filets dans la Tamise.*)

VULCAIN, *donnant un filet à l'Oubli.*

Attention !

Air : de la Catacoua.

A vous la corde, tirez ferme,
Il ne faut pas fléchir ici ;
De nos travaux est-ce le terme ?
Que diable attrapons-nous ainsi !...
Il faut l'avoir, coûte que coûte....
Prendrons-nous d'un coup de filet
Monsieur Cobbett,
Monsieur Burdett,
Mylord Bringham,
Messieurs Hunt ou Brougham ;
C'est un fashionable sans doute...
(*Voyant le monstre qu'on tire.*)
Ah ! juste ciel ! quel gentleman !

TOUS.

C'est un monstre !

VULCAIN.

Quelle horreur ! ne l'amenez pas !...

Air : Des guerriers honneur de la France.

Ah ! repoussons dans la Tamise
Ces fruits d'un cerveau délirant ;

Au bon goût la raison soumise
Vous offre un assez vaste champ.
Pourquoi chercher, dépassant ses limites,
Des monstres qui n'existent pas....
Pour les siffler n'est-il plus d'hypocrites ;
Pour les flétrir n'avez-vous plus d'ingrats ?

(*Le monstre disparaît sous une trappe.*)

LE DANUBE.

Il était parti, mais il ne tardera pas à revenir ; nous le reverrons encore.

SCÈNE XIV.

VULCAIN, TOUS LES FLEUVES *dans le fond*, VÉNUS ET L'EUROTAS *sous le filet. L'Eurotas a un costume de guerrier.*

LE FLEUVE JAUNE, *après avoir tiré une corde.*

Ah ! ah ! ah ! je le tiens... seigneur Vulcain, venez donc, venez donc.

VULCAIN.

Est-ce Apollon qui sort de l'eau ?

LE FLEUVE JAUNE.

Eh ! non, c'est l'amant de ma femme !... vous voyez que je suis le plus malheureux des maris !...

VULCAIN.

Votre destinée est à plaindre, mon ami, et nous y prenons part autant que si ça nous concernait tous... je vais vous aider si vous le voulez...voyons, êtes-vous préparé ?...

LE FLEUVE JAUNE.

Oui ; enlevez...

VULCAIN, *enlevant le filet.*

Voilà ce que c'est...

TOUS, *excepté Vulcain.*

O grand Jupiter !... c'est la belle Vénus !...

VULCAIN, *étonné..*

Ma femme !... ah ! par exemple ! comment, je retrouve ma femme ici !...

TOUS, *excepté Vulcain, Vénus et l'Eurotas.*

AIR : Quelle singulière aventure.

Quelle aventure surprenante !
C'est la reine de la beauté

Dont la sagesse chancelante
En ces lieux n'a pas résisté.

VENUS.

Voyez, seigneur, comme les apparences sont souvent trompeuses!...

VULCAIN.

Vous prétendez vous excuser perfide!.. lorsque je vous rencontre avec ce petit blondin?...

VENUS.

C'est un guerrier plein de valeur, à qui il ne manquait que des armes dignes de lui; j'en ai trouvé sur les bords de la Seine, et sûr de mon appui, qu'il aille où l'honneur l'appelle.... Un soupir à son départ, une victoire à son arrivée, voilà tout ce que sa protectrice exige de lui!...

L'EUROTAS.

Vous remplissez mon cœur de tous les sentimens qui font les héros!...

AIR : Que la folie à table m'accompagne.

Fils du dieu Mars, en empruntant son glaive,
Ah! je me sens digne de le porter;
L'honneur me parle, et mon ame s'élève;
Un feu divin semble me transporter.
O mes amis! conservons l'espérance;
Défendons-nous, intrépides guerriers:
Si le malheur poursuivit notre enfance,
Nous grandirons à l'ombre des lauriers.

SCENE XV.

LES MÊMES, LE PACTOLE, LA TAMISE.

LA TAMISE *au Fleuve Jaune*.

Eh bien! qu'est-ce que vous devenez donc, mon cher Fleuve; je vous cherchais dans toutes les endroits possibles.

LE FLEUVE JAUNE.

Ah! mon aimable compagne, j'ai eu une peur!...

LA TAMISE.

Une peur?... et de quoi?...

LE FLEUVE JAUNE.

Oh! rien; c'est éclairci, et je suis sûr maintenant que vous êtes aussi aimable que fidèle.

LA TAMISE.

Tant mieux pour vous si vous le croyez.

VULCAIN.

Ah! ça, mes amis, il me reste encore une tentative à faire, un dernier coup de filet à donner.... C'est par la Seine que nous allons terminer nos recherches, et ma foi, si Apollon ne s'y rencontre pas, Jupiter s'arrangera comme il pourra.

(*Il jette le filet dans la Seine.*)

CHOEUR.

AIR : Quand papa lapin mourra.

Allons, amis, espérons
Que c'est lui que l'on tire,
  (*Il tirent ensemble.*)
Et qu'enfin nous allons dire :
« Aux derniers les bons! »

VULCAIN.

Pour le coup le voici : place, place!
Mais, que vois-je? ils sont deux dans la nasse!

TOUS.

Allons, amis, etc.

SCÈNE XVI ET DERNIÈRE.

LES MÊMES, FERDINAND, *il a trois visages, il est pâle et maigre.*
(Ce rôle est joué par un autre acteur que celui qui a paru d'abord.)

LE FLEUVE JAUNE.

Voilà le premier!

VULCAIN.

Ah! ça, mais nous avons déjà vu cet uniforme-là.

LE DANUBE.

Ya c'était mon militaire de ce matin... Vous safez qui tisait : « Chez suis l'amour! »

VULCAIN.

Et l'intrigue! Comment il se retrouve dans la Seine....

FERDINAND.

Oui, Seigneur, et avec les trois visages que je dois aux français, à l'Odéon et à la porte Saint-Martin.

VULCAIN.

Comme il est maigri, allongé, étriqué! vous n'avez plus de couleur du tout, mon ami.

FERDINAND.

C'est la faute de mes teinturiers ; mais c'est égal, puisque vous me retrouvez dans la Seine, ça prouve que je suis Apollon.

L'EUROTAS.

Ça ne prouve rien du tout.

VULCAIN au *Fleuve Jaune.*

Faites paraître le numéro deux.

(*Le Fleuve Jaune fait un geste dans le fond. Ici le* MONSTRE *paraît, avec un roulement de tonnerre.*)

TOUS, *effrayés.*

Ah! quelle horreur!

(*Le monstre s'avance les bras en l'air et fait le tour du théâtre.*)

LA TAMISE.

Voilà l'Apollon de l'Angleterre!

VULCAIN.

Il était tout à l'heure dans la Tamise, et on le pêche à présent dans la Seine. (*Au monstre.*) Expliquez-nous comment cela se fait?

VÉNUS.

Un instant, il ne parle pas : je l'ai vu à Paris, voilà ce qu'il veut nous dire.

AIR: Ah! c'est charmant. (Du Roman.)

Les éclairs,
Les enfers,
Président à ma naissance.
Monstre affreux,
Odieux,
J'épouvante tous les yeux ;
Plein d'effroi,
Loin de moi,
Chacun fuit à ma présence ;
Sans remords,
Sans efforts,
Des vivans je fais des morts.
Le cerveau vide et la tête insensée,
Si je fais mal, hélas! c'est malgré moi ;
Combien de gens doués de la pensée
Qui font du mal et savent bien pourquoi ;
Spectre vivant je remplis ma carrière,
Je brûle tout, j'emporte des enfans,
Et je finis par étrangler mon père,
Et tous les soirs pour ça j'ai 200 francs.

Les éclairs, etc.

(*Pendant le couplet, le monstre exprime, comme à la Porte Saint-Martin, le plaisir que lui cause la musique.*)

LA TAMISE.

Je croyais maintenant que tout était fini dans les recherches à vous ! Voilà bien le véritable Apollon !...

VULCAIN.

Lui ! Vous me trompez ! Il n'est pas possible qu'Apollon soit enlaidi à ce point-là, je n'en voudrais même pas pour faire un cyclope. (*Ici le monstre prend Vulcain à la gorge, après lui avoir fait un salut très poli.*)

VULCAIN.

Eh bien ! eh bien ! il veut m'étrangler ! (*Il le repousse jusqu'au quinquet; le monstre s'y brûle les jambes et fait une grimace horrible.*)
(*A la Tamise.*) Vous disiez qu'il était insensible.

LA TAMISE.

Je n'avais pas dit qu'il était... (*à Vénus.*) Comment ce que vous appelez cette chose en français ?

VÉNUS.

Incombustible !

LA TAMISE.

Yès, dans l'incombustion !
(*Ici le monstre fait une démonstration menaçante. Il prend Vénus et la Tamise par la main et a l'air de vouloir les entraîner.*)
Il nous entraîne !!!

LE FLEUVE JAUNE.

Mon épouse ! (*à Vulcain.*) Seigneur, ne le contrariez pas ; adoptez-le !

VÉNUS.

Reconnaissez-le.

LA TAMISE.

Et emmenez-le.

VULCAIN.

Vous le voulez tous ?

TOUS.

Oui ! oui !

VULCAIN *au Monstre.*

Alors, mon ami, je le veux bien ! Vous me suivrez, je

vous présenterai à Jupiter ; et s'il ne veut pas vous reconnaître, eh bien ! nous verrons !... Il y a là-haut des petites-maisons.

VÉNUS à *Vulcain*.

Laissez-moi vos filets ! je les emporterai à Paris, et je suis sûre qu'il suffira de les tendre à l'Opéra pour y prendre beaucoup de monde !

VAUDEVILLE.

AIR : Que voulez-vous que j'y fasse ?

VULCAIN.

Maris, point de vains projets,
  L'amour vous échappe,
Et dans vos propres filets
  C'est vous qu'il attrappe.

LE DANUBE.

Sous un climat meurtrier,
  Quand Weber succombe,
En France il laisse un laurier
  Pour couvrir sa tombe.

FERDINAND.

La tôle va tout sceller ;
  On a fait des niches
Pour empêcher de voler
  L'esprit des affiches.

LE PACTOLE.

Pour les déménagemens,
  L'entreprise unique
S'est fait des correspondans
  Jusques en Belgique.

LE FLEUVE JAUNE.

Gondoles, fiacres, chez vous
  Sont en concurrence ;
Ça fait crier les coucous ;
  Quel tapage en France !

L'OUBLI.

Terpsichore des Anglais
  N'a plus de subsides,
Depuis qu'ils n'ont plus d'accès
  Près des Danaïdes.

LA TAMISE.

On a construit à London
  Un pont sous la terre ;

J'ai peur de voir sur le pont
Tomber la rivière.

L'EUROTAS.

En exposant ses tableaux,
Notre jeune école
Dans le casque des héros
Jette son obole.

VÉNUS, *au public*.

A l'Opéra désormais
Chacun veut se rendre;
Comme lui, dans nos filets,
Puissions-nous vous prendre!.

FIN.

―――――――――――

S'adresser pour la musique des vaudevilles anciens et nouveaux de tous les théâtres, à M. Taranne, rue de Richelieu, n° 17.

On trouve chez le même libraire, toutes pièces de théâtre tant anciennes que nouvelles, et entre autres, celles ci-dessous dont il est éditeur.

Le Roman par lettre, vaud. en 1 acte, par MM. Decourcy, Gustave et Rougemont.
Le petit Bossu, vaud. en 1 acte par MM. Brazier et Dumersan.
Les Entrepreneurs, vaud. en 1 acte par MM. Brazier, Dumersan et Gabriel.
Le marchand de Parapluies, vaud. en 1 acte par MM. Désaugiers, Lafontaine et Emile Vanderburck.
Alice ou les six Promesses, par Dupeuty, Devilleneuve et Saint-Aulaire.
L'Auteur et l'Avocat, com. en 3 actes et en vers, par M. P. Duport.
Le Mari et l'Amant, com. en 1 acte en prose, par M. Vial.
La Jeune Femme colère, com. en 1 acte, par M. Etienne.
Bruis et Palaprat, com. en 3 actes en vers, par le même.
Le Ci-devant Jeune Homme, com. en 1 acte, par MM. Merle et Brazier.
Louis IX, tragédie en 5 actes par M. Ancelot.
Le Solitaire, op. com. en 3 actes par M. Planard.
Valentine de Milan, op. com., par M. Bouilly.
Gulistan, op. com. en 3 actes, par MM. Etienne et Lachabeaussière.
La Somnambule, vaud. en 2 actes, par M. Scribe et G. Delavigne.
Les deux Pères, vaud. en 2 actes, par E. Dupaty.
Matin et Soir, vaud. en deux actes, par M. Théaulon, Dartois, Chazet et Lamartière.
Le Mariage à la Hussarde, vaud. en 1 acte, par MM. Théaulon, Dartois, Chazet et Lafontaine.
Partie et Revanche, vaud. en 1 acte, par MM. Scribe, Francis et Brazier.
Les deux Précepteurs, vaud. en 1 acte, par MM. Scribe et Moréau.
La Carte à Payer, vaud. en 1 acte, par MM. Merle, Brazier et Carmouche.
Les Chevilles de Maître-Adam, vaud. en 1 acte, par MM. Francis et Moreau.
Les Anglaises pour Rire, vaud. en 1 acte par MM. Sevrin et Dumersan.
Les Moissonneurs de la Beauce, vaud. en un acte, par MM. Francis, Brazier et Dumersan.
L'Ours et le Pacha, vaud. en 1 acte, par MM. Scribe et Xavier.
Le Précepteur dans l'Embarras, vaud. en 1 acte par M. Mélesville.
La Dame des belles Cousines, vaud. en 1 acte, par MM. Dartois et Brisset.
La Chercheuse d'Esprit, vaud. en 1 acte, par MM. Dumersan et Lafontaine.

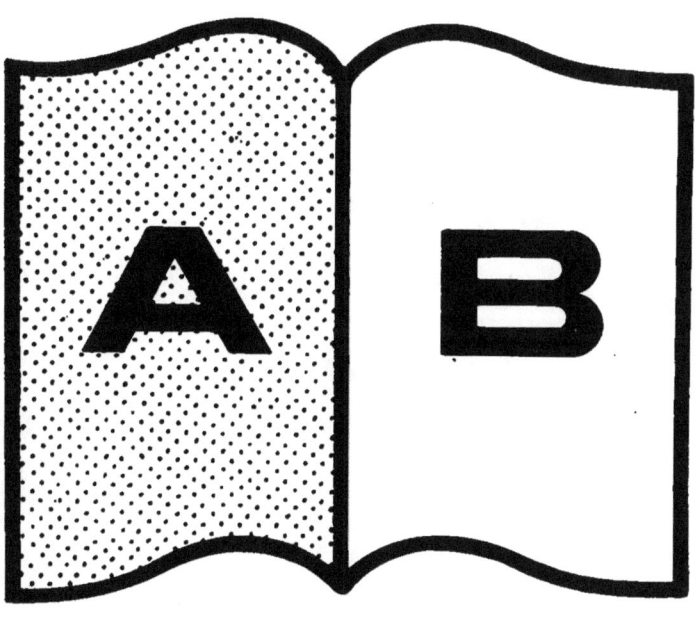

Contraste insuffisant
NF Z 43-120-14

www.ingramcontent.com/pod-product-compliance
Lightning Source LLC
Chambersburg PA
CBHW060706050426
42451CB00010B/1298